BEI GRIN MACHT SICH IHR WISSEN BEZAHLT

- Wir veröffentlichen Ihre Hausarbeit, Bachelor- und Masterarbeit

- Ihr eigenes eBook und Buch - weltweit in allen wichtigen Shops

- Verdienen Sie an jedem Verkauf

Jetzt bei www.GRIN.com hochladen und kostenlos publizieren

E-Commerce für stationäre Unternehmen. Ein Überblick über Chancen und Risiken

Am Beispiel von Zalando SE

GRIN ☺

Bibliografische Information der Deutschen Nationalbibliothek:

Die Deutsche Nationalbibliothek verzeichnet diese Publikation in der Deutschen Nationalbibliografie; detaillierte bibliografische Daten sind im Internet über http://dnb.d-nb.de abrufbar.

ISBN: 9783346345622
Dieses Buch ist auch als E-Book erhältlich.

Druck und Bindung: Books on Demand GmbH, Norderstedt Germany
Gedruckt auf säurefreiem Papier aus verantwortungsvollen Quellen

Das vorliegende Werk wurde sorgfältig erarbeitet. Dennoch übernehmen Autoren und Verlag für die Richtigkeit von Angaben, Hinweisen, Links und Ratschlägen sowie eventuelle Druckfehler keine Haftung.

Das Buch bei GRIN: https://www.grin.com/document/985664

München- Wien

Seminararbeit

Welche Chancen und Risiken entstehen mit dem Einsatz von E-Commerce?

Wie kann man die gewonnenen Erkenntnisse auf Zalando SE anwenden?

01.05.2020, Wien

Inhaltsverzeichnis

Abbildungsverzeichnis

1 Einleitung und Hintergrund des E-Commerce

Amazon und Zalando sind bekannte Beispiele für die digitalen „Pacemaker", welche oft den Umsatz kleinerer Unternehmen durch ihre starke Marktpräsenz untermauern. Das europäische Unternehmen „Spotify" belegt unter diesen den 15. Platz laut der Wall Street Journal-Liste der „Unicorns". Bereits hier wird deutlich, dass europäische Unternehmen in dieser Hinsicht deutlich im Rückstand sind. Durch die digitale Transformation, künstliche Intelligenz, sowie die Quantität an Möglichkeiten zur Datenanalyse, stehen Unternehmen besonders im Onlinehandel große Chancen bevor.[1] Durch die jahrelange Arbeit im stationären Handel, sehen es viele Unternehmen als schwierig an, die Vorteile des E-Commerce für sich zu nutzen.[2] Laut den Erhebungen des Handelsverbands Deutschland hat sich der Online-Umsatz im Business-to-Consumer Segment in den letzten Jahren in Deutschland verzehnfacht. [3] Zunächst wird in der folgenden Arbeit der Begriff „E-Commerce" erläutert. Anschließend werden statistische Werte des Online-Handels gegenübergestellt. Die positiven Faktoren, sowie auch die negativen Faktoren, die mit der Einführung des E-Commerce einhergehen werden folgend erläutert und gegenübergestellt. Die Beantwortung der Forschungsfragen: „Welche Chancen und Risiken entstehen mit dem Einsatz von E-Commerce?", sowie „Wie kann man die gewonnenen Erkenntnisse auf Zalando SE anwenden?" stehen im Fokus und mit dieser wird dem Leser der einhergehende Wandel im stationären und Online-Handel näher gebracht. Das Fazit schließt die folgende Arbeit ab.[4]

---

[1] Vgl. Große Holthforth,D.,Schlüsselfaktoren,2017,S.7.

[2] Vgl.Fost, M., E-Commerce Strategien, 2014, S.1.f.

[3] Fost, M., E-Commerce Strategien, 2014, S.1.

2 Grundlagen im E-Commerce

Im Kapitel „Grundlagen im E-Commerce" wird näher auf die Definition des Begriffes E-Commerce eingegangen und mit Hilfe von statistischen Werten wird diese analysiert.

2.1 Definition und Begriffsabgrenzung

Der Begriff E-Commerce bezeichnet elektronisch unterstützte Transaktionsprozesse im Online-Handel. Wie in Abbildung 1 dargestellt gehört E-Commerce zusammen mit E-Collaboration, E-Education, E-Information und E-Communication zu E-Business. Das E-Business ist ein Teil der Internetökonomie.[5] „Bei Fokussierung der Transaktionsprozesse wird die Summe der Möglichkeiten zur Umsatzgenerierung über E-Technologien und die Nutzung des Internets als neue Distributionsplattform als Electronic Commerce bezeichnet. Nach diesem Verständnis ist der E-Commerce dem E-Business untergeordnet, da er ‚nur' auf die Unterstützung der Transaktionsprozesse zwischen zwei Marktpartnern auf elektronischen Märkten abzielt."[6]

Abbildung 1: Positionierung von E-Commerce innerhalb der Internetökonomie

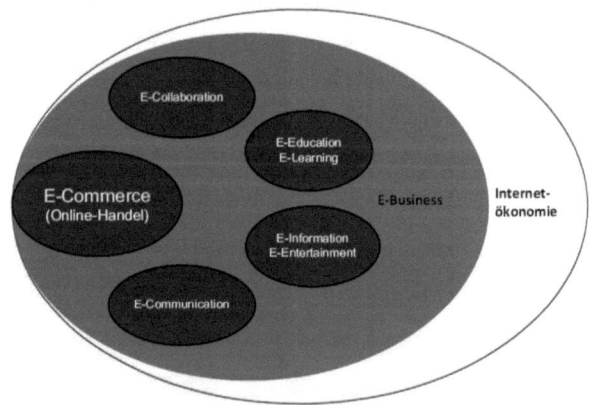

Quelle: Vgl.Fost, M., E-Commerce Strategien, 2014, S.1.f.

---

5 Vgl.Fost, M., E-Commerce Strategien, 2014, S.8.
6 Fost, M., E-Commerce Strategien, 2014, S.9.

„Otto" und „Neckermann" zählen zum „Hybriden-Online-Handel", da sie sowohl die Möglichkeit bieten per Katalog zu bestellen, als auch die Ware vom Online-Shop zu beziehen. Der „Pure-Online-Handel" bezeichnet jene Unternehmen, die ihre Produkte lediglich online anbieten. Der „kooperierende-Online-Handel" findet sich zum Beispiel bei Zalando, dessen Online-Shop verschiedene Modelabels anbietet. Beim Multi-Channel-Handel" werden Verbraucher auf verschiedenen Kommunikationskanälen erreicht. „Vertikalisierter-Online-Handel" findet sich zum Beispiel bei „adidas", deren Produkte zusätzlich vom Herstellerunternehmen online angeboten werden.[7] Weiters werden die folgenden drei Segmente unterschieden:

1. „Business to Consumer (B2C): Beispielsweise verkauft Amazon.com Konsumgüter an Individuen.

2. Business to Business (B2B): Forrester.com verkauft etwa Marktforschungs-berichte an andere Unternehmen.

3. Business to Government (B2G): Viele Firmen, die sich im B2B-Bereich betätigen, machen auch mit Behörden Geschäfte, z.B. Dell"[8]

---

7 Vgl.Heinemaann, Gerrit; Hauf, Andreas, Web-Excellenz, 2010,S.9.
8 Meidl, Oliver ;Global Website, 2013;S.10.

2.2 Statistische Werte

Abbildung 2: E-Commerce Umsatz in Deutschland 1999– FC2013.

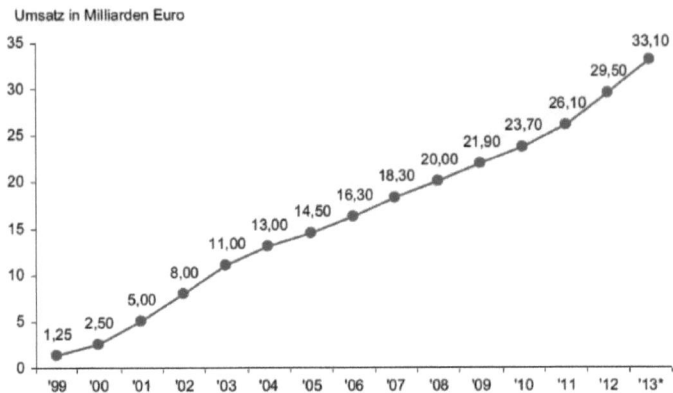

Quelle: Fost, M., E-Commerce Strategien, 2014, S.11.

Abbildung 3: Abdeckung der Produktsegmente deutscher Online-Shops

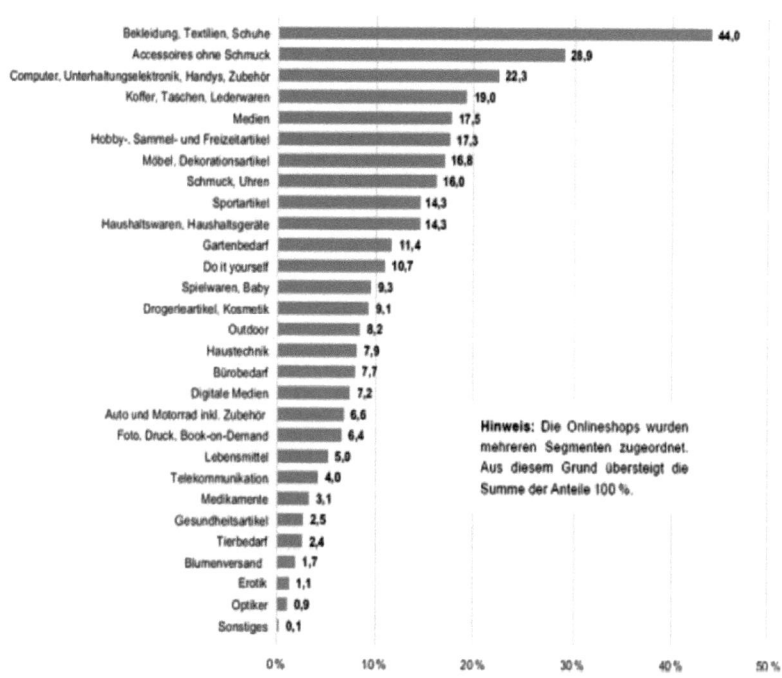

Quelle: Fost, M., E-Commerce Strategien, 2014, S.11.

Abbildung 4: E-Commerce Umsatzverteilung Produktsegmente

Segment	E-Commerce-Umsatz 2011 (in Mio. €)	Anteil (in Prozent)
Generalist	9.331,1	36,7
Bekleidung, Textilien, Schuhe	4.763,7	18,8
Computer, Unterhaltungselektronik, Handys, Zubehör	3.429,9	13,5
Medikamente	754,4	3,0
Möbel, Dekorationsartikel	726,6	2,9
Hobby-, Sammel- und Freizeitartikel	673,3	2,7
Spielwaren, Baby	654,1	2,6
Digitale Medien (Software, Musik, Video, Games)	649,1	2,6
Auto und Motorrad inkl. Zubehör	595,1	2,3
Medien (Bücher, CD, Blue Ray, Software)	546,1	2,1
Sportartikel	507,3	2,0
Bürobedarf	432,4	1,7
Foto, Druck, Book-on-Demand	358,2	1,4
DIY (Do it yourself, Bastelbedarf)	290,5	1,1
Haustechnik	272,3	1,1
Outdoor	249,5	1,0
Drogerieartikel, Kosmetik	201,3	0,8
Tierbedarf	200,6	0,8
Lebensmittel	147,7	0,6
Haushaltswaren, Haushaltsgeräte (Weiße Ware)	130,4	0,5
Blumenversand	105,9	0,4
Schmuck, Uhren	96,0	0,4
Koffer, Taschen, Lederwaren	66,6	0,3
Gartenbedarf	66,5	0,3
Optiker	57,6	0,2
Erotik	51,6	0,2
Accessoires ohne Schmuck (z. B. Handtaschen, Gürtel)	34,7	0,1
Sonstiges	10,0	0,0
Gesundheitsartikel	5,1	0,0
Gesamt	**25.407,8**	**100,0**

Quelle: Fost, M., E-Commerce Strategien, 2014, S.12.

In Abbildung 2 ist der E-Commerce Umsatz in Deutschland vom Jahr 1999 bis zum Jahr 2013 veranschaulicht. Man sieht, dass sich der Umsatz vom Jahr 1999 mit 1,25 Milliarden Euro auf 33,10 Milliarden Euro im Jahr 2013 erhöht.

In Abbildung 3 wird ersichtlich, dass zum Beispiel der Sektor „Bekleidung, Textilien, Schuhe" mit 44 Prozent die größte Anzahl der Produktsegmente abdeckt. Hingegen macht der Sektor „Optiker" mit 0,9 Prozent den kleinsten Anteil der Produktsegmente aus.

Abbildung 4 veranschaulicht die Umsatzverteilung der Hauptproduktsegmente im E-Commerce. 2012 wurden 36,7 %, also 9,3 Mrd. € von den so genannten Generalisten erwirtschaftet. Zu diesen Generalisten zählt zum Beispiel das Unternehmen Amazon. Das Produktsegment „Bekleidung, Textilien, Schuhe" schließt mit 18,8 % erwirtschaftetem Anteil an. „Computer, Unterhaltungselektronik, Handy, Zubehör" liegen mit 13,5 % an der dritten Stelle.

Abbildung 5: Marktkonzentration der Top 1.000 Online-Shops in Deutschland.

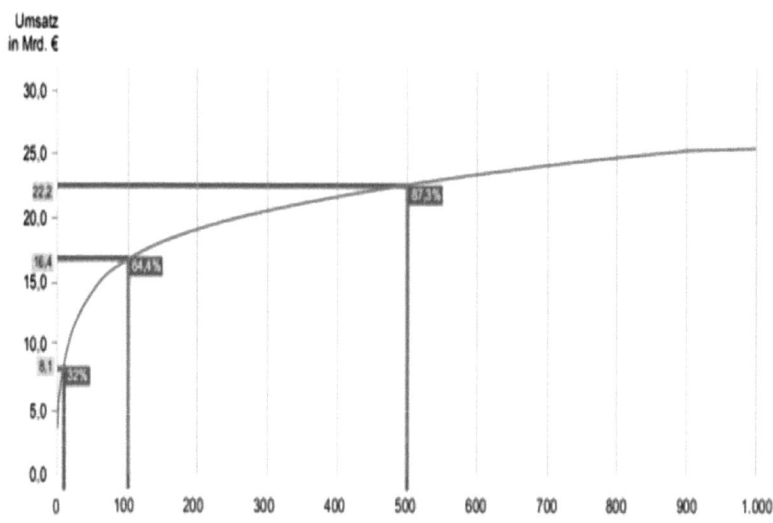

	2011		2010		2009	
Merkmal	Umsatz in Mrd. €	Umsatzanteil	Umsatz in Mrd. €	Umsatzanteil	Umsatz in Mrd. €	Umsatzanteil
Umsatzanteil Top 10	8,1	32,0%	7,2	31,5%	6,2	30,8%
Umsatzanteil Top 100	16,4	64,4%	14,5	63,8%	13,9	69,5%
Umsatzanteil Top 500	22,2	87,3%	20,3	89,4%	18,8	94,1%

Quelle: Fost, M., E-Commerce Strategien, 2014, S.12.

Im Jahr 2010 existierten 150.000 Online-Shops in Deutschland, von welchen die wirtschaftlich stärksten 500 Online-Shops 87,3 % aller Umsätze erwirtschafteten, die restlichen 145.500 Online-Shops realisierten 12,7 % des deutschen E-Commerce-Umsatzes.[9]

---

9 Vgl.Fost, M., E-Commerce Strategien, 2014, S.12.f.

3 Chancen und Risiken im E-Commerce

In diesem Kapitel werden die Chancen und Risiken, die sich im E-Commerce ergeben erläutert und erklärt.

3.1 Chancen

In den folgenden Unterkapiteln werden die prominierenden Chancen im E-Commerce erläutert.

3.2 internationale Marktpräsenz

Als beträchtliche Gewinnaussicht der im E-Commerce tätigen Unternehmen zeigt sich die weltweite Markpräsenz. Der geografische und zeitliche Aspekt, dessen Distanz-Problematik ohne der Nutzung des Onlinehandels im Vertrieb mit einhergeht, kann nun berücksichtigt werden.[10] Zusätzlich fällt die Notwendigkeit weg, für Unternehmen jeden Shop eines Vertriebslandes individuell zu gestalten. Außer Sprache, Währung, Maßeinheiten, Versandinformationen und den rechtlichen Hinweisen, die in jedem Land anders ausfallen, kann jeder Shop im gleichen Stil geführt werden.[11]

3.3 Serviceoptimierung

- Der Konsument hat die Möglichkeit den Einkauf unabhängig von den regulären Öffnungszeiten durchzuführen.

- Die Kunden haben freie Auswahl über die gewünschte Bezahlungsart.

- Die Entscheidung, ob die Kunden die Ware schneller erlangen möchten, oder die längere, dafür günstigere, Lieferzeit in Kauf nehmen. bleibt ihnen selbst überlassen.

- Warteschlangen und körperliche Anstrengung fallen beim Online-Einkauf weg.

- „Conversational Commerce" ist eine automatisierte stimmbasierte Einkaufsmöglichkeit. Durch Voicebots, Chatbots oder Voice-Assisted-Purchasing-Systeme kann künstliche Intelligenz beim Einkauf eingesetzt werden. Ein Beispiel hierfür ist „Alexa", Amazon Echo, ein Gerät, dass sich der vorab erwähnten künstlichen

10 Vgl. https://treolabs.com/de/blog/vor-und-nachteile-des-onlinehandels-fuer-gruender, Zugriff am 27.03.2019.

11 Vgl. https://www.electronicsales.de/blog-die-top-10-vorteile-eines-online-shops-fuer-b2b-unternehmen.html,Zugriff am 27.03.2019.

Intelligenz bedient und so den Online-Einkauf erleichtert. Bereits einer von fünf Amazon-Kunden hat mit einem Gerät dieser Art bereits seinen Online-Einkauf getätigt. Zu gewissen Tagen werden von Amazon und Google Rabatte auf Waren angeboten, die lediglich mit dem Kauf über „Alexa" abgezogen werden können.[12]

- Durch die Transparenz der Online-Shops können KundInnen Preise besser vergleichen.[13]

3.4 Aufbereitung und Gestaltung des Sortiments im E-Commerce

Die Produktinformation ist ein wichtiger Bestandteil des Online-Shops. [14] „Hierzu gehören umfassende Informationen zu den Eigenschaften, der Verfügbarkeit und den Preisen der Produkte."[15]

Durch sogenannte „ERP-Systeme" soll das Unternehmen[16] „mit der Produktion/ Leistungserstellung, der Buchhaltung/dem Rechnungswesen oder der Logistik/ Warenwirtschaft verbunden sein. Somit können Online-Bestellungen direkt in die Bedarfsplanung oder Disposition einfließen"[17] Darüber hinaus sollen klare Strategien, nach denen einheitlich im Team gehandelt wird, sowie eindeutige Zielsetzung für die Präsentation der Produkte definiert werden.[18] Umso höher die Ausprägung der technischen Integration eines Unternehmens, umso besser muss auch dessen Systematik gestaltet werden.[19]

3.5 Spezialisierung im Marketing

„Sinnvoll ist eine multioptionale Lösung, welche verschiedene, komplexe Distributionsformen von eigenem Retailing bis hin zu Verbundlösungen mit dem Handel ermöglicht."[20],so Prof. Dr. Gerrit Heinemann. Interaktive Plattformen, auf denen Kunden

---

12 Knoppe, Marc, Martin, Wild; Digitalisierung, 2018,S.13.f.
13 Vgl. https://treolabs.com/de/blog/vor-und-nachteile-des-onlinehandels-fuer-gruender, Zugriff am 27.03.2019.
14 Vgl.Weber,J.;Becker,B.,Strategien, 2007, S.177.
15 Weber,J.;Becker,B.,Strategien, 2007,S.197.
16 Vgl.Weber,J.;Becker,B.,Strategien, 2007, S.197.
17 Weber,J.;Becker,B.,Strategien, 2007, S.197.
18 Vgl.Weber,J.;Becker,B,Strategien, 2007,S.197.
19 Vgl.Weber,J.;Becker,B.,Strategien, 2007,S.201.
20 Fost, M., E-Commerce Strategien, 2014, S.136.

und Produktanbieter über das Geschäft hinaus interagieren können, nehmen an Beliebtheit zu. Als Beispiel dient „etsy.com".[21] Durch die verschiedenen Plattformen auf denen die Waren beworben werden, kommt es außerdem zu so genannten „Multi-Channel- Käufen."[22] Als Beispiel können „Banner", von Unternehmen gemietete Online-Flächen auf Webseiten, die regelmäßig viele Besucher haben, nachhelfen. Meist werden diese neben Bannern von Produkten, die Ähnliches bewerben platziert. [23] Im Bereich der Banner wird auch die so genannte Flash-Technik eingesetzt, die animierte Bilder anzeigt und kurze Videos abspielt. Das so genannte „Cost per Lead" ermöglicht zum Beispiel durch das Klicken auf den Werbebanner das Abonnieren eines Newsletter für das der Werbetreibende vergütet wird. Bei den so genannten „adSales", wird der Werbetreibende nur dann vergütet, wenn der Kunde etwas gekauft hat.

Das in der folgenden Abbildung 6 veranschaulichte „Affiliate Marketing" beschreibt eine Dreiecksbeziehung zwischen dem Onlinehändler, auch „Merchand" genannt, dem „Affiliate", der Webseiten betreibt auf denen man Werbung schalten kann und dem Netzwerkbetreiber , der diese Beziehung technisch realisiert und als Schnittstelle der Beiden fungiert.[24]

---

21 Vgl.Fost, M., E-Commerce Strategien, 2014, S.136.
22 Vgl. https://www.microtech.de/blog/e-commerce-vorteile, Zugriff am 10.04.2020.
23 Vgl.Fischer, M., Marketing, 2017, S.25 ff.
24 Vgl.Fischer, M., Marketing, 2017, S.157 ff.

Abbildung 6: prinzipieller Ablauf eines Affiliate Netzwerkes

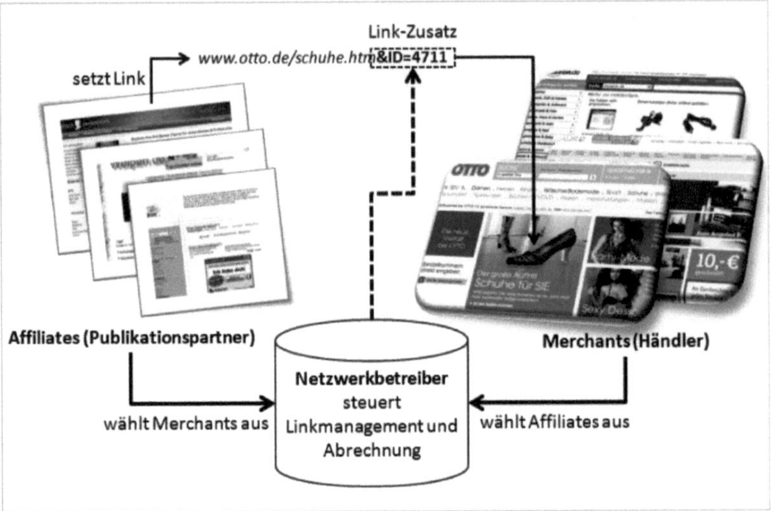

Quelle: Fischer, M., Marketing, 2017, S.157 f.

3.6 Rationalisierungsmöglichkeiten

„Als Rationalisierung im Industriebetrieb"[25] bezeichnet man[26] „Maßnahmen in sämtlichen Funktionsbereichen eines Industriebetriebs, die auf der Basis einmal entdeckter betrieblicher Schwachstellen eine Steigerung der Wirtschaftlichkeit dieses Unternehmens zum Ziel haben."[27] Zum Beispiel ergibt sich dadurch die Möglichkeit den Warenbestand genau zu planen.[28] „Damit erreicht das Unternehmen niedrigere Lagerbestände bei gleichzeitig besserer Lieferperformance. Dies reduziert wiederum die Kapitalbindung und ermöglicht somit den Sortimentswechsel."[29] Weiters werden dadurch die hausinternen Prozessketten optimiert. Für einzulernende Mitarbeiter wird durch veranschaulichte Abläufe weniger Zeit im Einlernungsprozess benötigt. Auch den

---

25 http://www.wirtschaftslexikon24.com/d/rationalisierung-im-industriebetrieb/rationalisierung-im-industriebetrieb.htm, Zugriff am 10-04.2020.

26 Vgl.Weber,J.;Becker,B.,Strategien, 2007,S.200.

27 http://www.wirtschaftslexikon24.com/d/rationalisierung-im-industriebetrieb/rationalisierung-im-industriebetrieb.htm, Zugriff am 10-04.2020

28 Vgl.Weber,J.;Becker,B.,Strategien, 2007,S.201.

29 Weber,J.;Becker,B.,Strategien, 2007,S.201.

Großhändlern kommen die gesäuberten Daten zu Gute, denn sie können direkt übernommen werden.[30]

Durch integrierte automatische Systeme zur Bewirtschaftung des Online-Stores kann die Fehlerquote verringert werden. Da Ware nur gegen Bezahlung geliefert wird, gibt es auch weniger Diebstähle.[31] Produktdetails können auch online vom Kunden abgerufen werden, ohne die Notwendigkeit persönlicher Beratung.[32]

Bei einer weiteren Möglichkeit dem „DropShipping" wird die Berechnung des Lagerbestandes, Lagerraumes und das damit verbundene Risiko irrelevant. Sobald der DropShipping-Händler auf seinem Online-Store den Kauf eines Produktes durch den Endkonsumenten feststellt, wird der Großhändler benachrichtigt welcher dieses Produkt bestellt, um es anschließend an den Endkonsumenten zu schicken. Hier entfällt durch vollautomatische Abläufe die Notwendigkeit zusätziches Personal einzustellen. [33]

---

30 Vgl.https://www.electronicsales.de/blog-die-top-10-vorteile-eines-online-shops-fuer-b2b-unternehmen.html, Zugriff am 10-04.2020.

31 Vgl.https://www.sana-commerce.com/de/blog-de/vorteile-von-b2b-e-commerce/, Zugriff am 10-04.2020.

32 Vgl .https://www.electronicsales.de/blog-die-top-10-vorteile-eines-online-shops-fuer-b2b-unternehmen.html, Zugriff am 10-04.2020.

33 Vgl.https://www.dropshipping.de/DropShipping-Geld-verdienen-Online-Handel.html, Zugriff am 13-04.2020.

4 Risiken

In folgender Tabelle erkennt man die endogenen und exogenen Risiken, die zwischen dem Anbieter und dem Kunden entstehen. Die Tabelle soll den Einstieg in die Thematik der Risiken erleichtern, die folglich besprochen wird.

Abbildung 7: Risiken des Mobile-Shoppings aus Konsumentensicht

Endogene Risiken (zwischen Anbieter und Kunde)	
Repräsentationsrisiko („funktionales Risiko")	Leistung entspricht nicht den im Internetshop zugesicherten oder den darauf aufbauend vom Kunden erwarteten Eigenschaften.
Fulfillmentrisiko	Leistung wird nicht wie vertraglich vereinbart erbracht.
Netzwerkrisiko (bei verteilter Leistungserstellung)	Unsicherheit, ob alle an der Leistungserstellung beteiligten Partner des Anbieters vertrauenswürdig sind bzw. ihre Leistung erbringen (z.B. Bank, Dienstleister etc.).
Privacy-Risiko („persönliches Datenschutzrisiko")	Risiko der Nichteinhaltung des Datenschutzes durch Preisgabe und/oder Missbrauch bzw. Zweckentfremdung der vom Anbieter gewonnenen Kundeninformationen (Verletzung der Privatsphäre).
Security-Risiko (Risiko mangelnder Datensicherheit)	Risiko einer unzureichenden Absicherung persönlicher Daten gegenüber dem Zugriff und Missbrauch unberechtigter Dritter.
Zeitverlustrisiko	Zeitverlust beim Internetkauf in Bezug auf die Zeitspanne zwischen Bestellung und Erhalt der Ware bzw. zwischen Erhalt, Rücksendung und Ersatz nicht zufriedenstellender Ware.
Exogene Risiken (dem Internet bzw. der mobilen Shopping-Technologie immanent)	
Risiko des Mediums	
Kommunikationsrisiko	Verlust, Dopplung, Modifikation, Ausspähen oder mangelnde Verbindlichkeit der Nachricht.
Authentifizierungsrisiko	Transaktionspartner ist nicht der, der er zu sein vorgibt.
Medienbedingt höheres strukturelles Risiko	Unerlaubte Transaktionen können schneller, mit weniger Spuren, mit größerer Reichweite und mit viel mehr Beteiligten ausgeführt werden.
Risiko mangelnder Vertrautheit	Transaktionsbezogene Risiken des Mediums können schlechter abgeschätzt werden.
Ausspährisiko	Das Ausspähen und Abgreifen von vertraulichen Informationen durch direkte Verhaltensbeobachtung, z.B. bei der Eingabe sensibler Daten („shoulder surfing").
Funkloch („Funkschatten")	Räumlicher Bereich, der keine bzw. nur eine sehr eingeschränkte Verbindung zwischen einem Sender und einem Empfänger herstellt.
Rechtliche Risiken (insbesondere bei der Nutzung ausländischer „mobiler" Onlineshops)	
Vertragsrisiko	Risiko der Ungültigkeit von Transaktionen und Verträgen aufgrund unterschiedlicher nationaler Rechtslagen.
Verbraucherschutzrisiko	Unterschiede und Unsicherheiten in Bezug auf national unterschiedliche Verbraucherschutz- und Datenschutzstandards.
Durchsetzungsrisiko	Durchsetzung berechtigter Ansprüche erweist sich als aufwendig oder unmöglich, z.B. unterschiedliche Rechtslagen bei Nutzung ausländischer Onlineshops.

Tabelle 18:   Risiken des Mobile Shoppings aus Konsumentensicht

Quelle: Fost, M., E-Commerce Strategien, 2014, S.87

4.1 Anonymität

Bisher war es in der Geschichte der Menschheit nicht möglich, in der Form anonym zu sein, wie es Nutzern des Internets im heutigen Zeitalter ermöglicht wird.[34] „Wie sollten wir zwischen guter und schlechter Anonymität unterscheiden. Jemand, der zum Beispiel über schlechte Arbeitsbedingungen sprechen möchte, darf nicht fürchten müssen, gefeuert zu werden."[35] Dadurch, dass es laut Experten keine praktikablen Möglichkeiten zur Überwachung gibt, soll die Anonymität im Internet unreguliert bleiben.[36]

Viele Menschen fühlen sich außerdem dazu befähigt, ohne die Einbüße persönlicher Kritik, ihre freie Meinung zu präsentieren und an Informationen zu gelangen, die die Person abseits des Internets nicht preisgegeben hätte. [37]

4.2 Bezahlung

Im E-Commerce kommt die bargeldlose Zahlung zum Einsatz.

Beim Verwenden von Paypal bezahlt man über das angelegte Paypal Konto. Die Zahlung kommt sofort beim Zahlungsempfänger an, welcher darauf unmittelbar die Ware versenden kann. Zusätzlich sind Kunden über den Käuferschutz von Paypal abgesichert, für Unternehmen fällt eine fixe Grundgebühr sowie eine variable Gebühr pro Zahlungseingang an. Sensible Daten des Kunden werden privat gehalten.

Zahlungen mittels Kreditkarte erfolgen über Vorkasse, der Käufer zahlt den Betrag vor Erhalt der Ware ein. Der Versand erfolgt meist erst ab dem Eingang des Geldbetrages. Der Zahlungsvorgang und die Prüfung ob das Konto des Kunden belastbar ist, erfolgt vollautomatisch. Die Kosten der Transaktion bleiben auf Unternehmensseite. Die Tatsache, dass ein Einkauf über eine gestohlene Kreditkarte möglich ist, ist ein Risiko.

In Österreich sind Zahlungen über die Möglichkeit der SEPA-Lastschrift von großer Beliebtheit. Der Käufer begleicht hier den Betrag erst nach Erhalt der Ware, das Risiko

---

34 Vgl.https://taz.de/Pro--Kontra-Anonymitaet-im-Netz/!5114418/, Zugriff am 05-04.2020.
35 https://taz.de/Pro--Kontra-Anonymitaet-im-Netz/!5114418/, Zugriff am 05-04.2020.
36 Vgl.https://taz.de/Pro--Kontra-Anonymitaet-im-Netz/!5114418/, Zugriff am 05-04.2020.
37 Vgl.https://taz.de/Pro--Kontra-Anonymitaet-im-Netz/!5114418/, Zugriff am 05-04.2020.

bleibt so lange auf Unternehmensseite. Durch die Angabe der falschen Adresse kann es zu kostspieligen Rücksendungen kommen.

Bei Kauf auf Rechnung könnte es durch externe Zahlungsabwickler zu zusätzlichen Kosten für das Unternehmen kommen. Hier sind keine persönlichen Informationen des Kunden notwendig um die Ware zu erhalten und das Risiko liegt auf Unternehmensseite.

Lediglich bei Lastschrift, Vorauskasse und Überweisung fallen keinerlei zusätzliche Gebühren für die Unternehmung an.

Beim Bezahlen mit Vorkasse erfolgt der Versand der Ware erst nach Zahlungseingang um die Sicherheit des Unternehmens zu gewährleisten, das Risiko bleibt auf Kundenseite. Über Nachnamen kann das Unternehmen die Ware direkt nach Bestellung versenden. Hier verrichtet der Kunde meist eine Nachnamengebühr.

Durch die Komplexität der Bezahlungsmöglichkeiten greifen viele Unternehmen auf spezielle Agenturen zurück. [38]

4.3 Beratungsschwächen

„Mit Hilfe eines so genannten „PIM-Systems" kann bei der Auswahl der Ware nachgeholfen werden, indem nicht nur hochqualitative Bilder der Ware gezeigt werden können, sondern auch eine ausführliche Beschreibung für den Kunden ersichtlich wird. Durch die Veröffentlichung von Kundenmeinungen zu den einzelnen Produkten wird das Vertrauen gegenüber dem Unternehmen gestärkt und es bestehen höhere Chancen, dass der Kunde die Produkte erwirbt.

Laut Prof. Dr. Dirk Morschett, hängt es von der Qualität der Marke ab in wie weit der Verkäufer durch die Online-Präsenz an Marktstärke zunimmt oder abnimmt. Hier ist es auch wichtig den stationären Händler nicht zu unterschätzen, da dieser durchschnittlich 85 Prozent des Gesamtumsatzes einer Unternehmung erwirtschaftet.[39]

---

38 Vgl. Zugriff am 10-04.2020https://sevdesk.at/lexikon/zahlungsarten/, Zugriff am 29-04.2020.
39 Vgl. Fost, M., E-Commerce Strategien, 2014, S.146.

4.4 Datenschutz

Datenschutz basiert auf drei Säulen. Die erste Säule bilden die Regulierungen, welche in Form von Gesetzen, Richtlinien und Verordnungen auftreten. Hier gibt es oft nationale Regulierungen, vor allem durch das individuelle technologische Voranschreiten der einzelnen Länder.

Bei den so genannten Selbstregulierungen handelt es sich um eine Verpflichtung des Dienstleisters, zum Beispiel des Online-Shop Betreibers, gewisse Maßnahmen zum Datenschutz der Kunden einzuhalten. Hier wird oft in Form eines Zertifikats im Online-Shop auf die Regelungen hingewiesen. Dies stellt die zweite Säule dar.

Bei der dritten Säule, dem Selbstschutz haben KundInnen die Möglichkeit zum Beispiel „Privacy by Design" im eigenen Gerät zu integrieren. Hier handelt es sich um eine vorgefertigte technische Methode, die den Datenschutz individuell gewährleistet.[40]

5 Zalando

Im folgenden Kapitel wird der zweite Teil der Forschungsfrage „Wie kann man die gewonnenen Erkenntnisse auf Zalando SE anwenden?" beantwortet.

5.1 Hintergrund

„Die Zalando SE ist ein 2008 gegründetes Unternehmen mit Hauptsitz in Berlin. Es betreibt Online-Shops für Schuhe, Bekleidung und andere Accessoires in Deutschland und anderen europäischen Ländern.292 Zunächst in der Rechtsform einer GmbH und AG betrieben, firmiert das Unternehmen seit 2014 als europäische Gesellschaft SE.293 Am 01.10.2014 erfolgte der Börsengang an der Frankfurter Wertpapierbörse. Auch nach dem Börsengang besteht die Aktionärsstruktur per 03.11.2014 zu weit mehr als 50% aus Beteiligungsgesellschaften."[41]

---

40 Vgl. Petrlic, Ronald; Sorge, Christoph, Datenschutz,2017,S.4.

41 Vgl. Smeets, Mario, Bedonderheiten, 2018, S.20.

5.2 Serviceoptimierung

„Unsere Kunden und Kundinnen können sich über eine kostenlose Hotline rund um das Thema "Schuhe und Mode" informieren und ihre Fragen an kompetente Kundenbetreuer richten. Unseren Kunden steht damit ein umfassendes Serviceangebot zur Verfügung – persönlich, kompetent und ohne lange Warteschleifen."[42], so auf der Web-Site von Zalando SE zu lesen. Im Contactcenter des Online-Händlers erhält der Kunde die Möglichkeit mit dem Unternehmen in Kontakt zu treten. Laut dem Kundenservice Abteilungsleiter von Zalando, Marc Perry, sind qualitativ hochwertige Beratungsgespräche mit den Kunden der wichtigste Bestandteil des Kundenservice. In seiner Abteilung werden zudem regelmäßig Kontakt-Analysen durchgeführt, die zur Steigerung der Kundenzufriedenheit dienen sollen. Jeder Prozess wird von seinem Team von Kundenseite und von Unternehmensseite betrachtet. Der Kunde soll ein unbeschwertes Einkaufserlebnis erfahren bei dem die Komplexität des Online-Shops verborgen bleibt. Zalandos „Mensch zu Mensch" Devise, die jedem Anrufer erlaubt ein Gespräch zu einer Person zu führen, anstatt den gesamten Prozess zu digitalisieren, soll auch zukünftig erhalten bleiben.[43]

5.3 Sortiment und Rationalisierungsmöglichkeiten

Da Eigenmarken von Zalando lediglich bis zu zehn Prozent des Umsatzes ausmachen, fokussiert sich Zalando zunehmend auf die Zusammenarbeit mit Partnern. Bis 2023 soll das Sortiment an Premium- und Luxusmode verdoppelt werden, sowie Secondhand-Mode integriert werden. Bei Letzterem möchte das Unternehmen den Kunden die Möglichkeit bieten eigene Modeartikel an Zalando zu verkaufen. [44] Laut Carl-Friedrich zu Knyphausen, Logistikchef bei Zalando, ist die komplexe Logistik der Zalando SE die Kernkompetenz des Unternehmens. Das Logistiknetzwerk von Zalando bedient über 27 Millionen Kunden in 17 Märkten und besteht aus über mehr als elf Logistikzentren die jeweils zwei bis drei Zustelldienstleister in Partnerverträgen beschäftigen. 2018 wurden über 116 Millionen Bestellungen versendet. Über die sogenannte „Zalando Fulfillment

---

42 https://www.zalando.at/about-us/, Zugriff am 29-04.2020.

43 Vgl.https://marcperryoffice.wordpress.com/in-der-presse/, Zugriff am 29-04.2020.

44 Vgl.https://www.internetworld.de/e-commerce/zalando/zalando-erwartet-zuwaechse-erweitert-sortiment-2509198.html, Zugriff am 29-04.2020.

Solution" wird Marken-Partnern angeboten ihre internationale Logistik über die Zalando eigene Logistikstruktur abzuwickeln. Seit der TV-Werbekampagne „Schrei vor Glück" hat Zalando an großer Bekanntheit gewonnen. Besonders die kostenlosen Retouren, welche viele Kundinnen und Kunden begeisterten, haben jedoch zu teuren Rücksendequoten geführt. Rund fünfzig Prozent der bestellten Ware werden zurückgeschickt. Trotz dieser Tatsache blieb Zalando bis heute finanziell stabil. Durch hohe Investitionen in Logistik-Standorte erreichte Zalando einen effizienteren Warenumschlag. Eine besonders große Herausforderung stellen hier die Integration effektiver Software-Dienstleistungen dar.[45]„Insbesondere die langjährige und konsequente Umsetzung der E-Commerce- Strategie bei einer breiten Verkaufsphasenabdeckung und einem breiten Informationsangebot führt zu einem branchenüberdurchschnittlichen Erfolg."[46]

5.4 Marketing

Da Zalando im Marketing zukünftig verstärkt mit Algorithmen arbeiten möchte, plant das Unternehmen in dem Bereich 200 bis 250 Mitarbeiter zu kündigen. Die Unternehmensleitung der Zalando SE betont, dass durch die Digitalisierung auch neue Arbeitsplätze geschaffen werden." Von nun an werden wir die Trennung zwischen kommerziellem und Marken-getriebenem Marketing aufheben - und Kopf, also messbare, datengetriebene Lösungen, mit Herz, heißt kreativen, ansprechenden Inhalte und Kampagnen, noch stärker miteinander verbinden.", so Zalando. Durch Lokalisiertes Marketing, dass Kunden in allen Orten Deutschlands Marken zur Verfügung stellt, die ihre lokalen Geschäftshäuser nicht anbieten, soll das Marketingkonzept erweitert werden. Zudem setzt Zalando auf Personalisiertes Marketing, welches über Influencer und auf den Kunden zugeschnittene Empfehlungen, eingesetzt wird. Zalando arbeitet hier über die neue Personalized-Marketing-Abteilung, welche die technische Seite des Unternehmens und persönliche Ansprache der Kunden verbinden soll. „Welche Produkte laufen besonders gut? Welche Schnelldreher müssen in welchen Zyklen nachbestellt werden?"[47]

45 Vgl.https://www.verkehr.co.at/singleview/article/die-logistik-ist-eine-absolute-kernkompetenz-von-zalando, Zugriff am 29-04.2020.
46 Weber,J.;Becker,B.„Strategien, 2007,S.208.
47 https://www.electronicsales.de/blog-die-top-10-vorteile-eines-online-shops-fuer-b2b-unternehmen.html, Zugriff am 29-04.2020.

sind Fragen die für die Anwendung individuelle Marketingstrategien beantwortet werden.[48] Mit dem Modell „get the Look" von Zalando wird ein kontinuierlicher Inhalts-Strom erzeugt, der den Kunden neue Ideen zum persönlichen Styling gibt und Langeweile vorbeugen soll. Weiters veranstaltet Zalando das Kulturfestival „Bread &Butter", bei dem sich Kunden, Partner und Presse treffen.[49]

Weiters leidet das Image von Zalando an folgenden Vorgehensweisen der Unternehmung: In den Logistik-Zentren von Zalando wäre den Arbeitern untersagt zu sitzen, sie müssten den ganzen Tag stehen, der Stundenlohn der Produktionshelfer liegt außerdem bei nur 7,01 Euro.[50] Durch Analyse der Kunden, hat der Anbieter weiters die Möglichkeit das Kaufverhalten des Kunden durch gezielte Vorschläge von Waren zu optimieren. [51] Hier wurde von NDR 2015 eine Recherche veranlasst, welche irreführende Verknappungsstrategien ans Licht führte, welche Zalando einsetzt um dem Käufer zu vermitteln, es wären nur noch wenige Stücke verfügbar. Die Warenbestände entsprechen hier jedoch nicht den tatsächlich vorrätigen Lagerbeständen.[52] Weiters besteht der Vorstand der Zalando SE lediglich aus Männern, was weitgehend zu Kritik führt. Zur Mitarbeiterbeurteilung setzt Zalando das System „Zonar" ein, mit dem Mitarbeiter sich regelmäßig gegenseitig beurteilen. Dieses verursacht jedoch oft Misstrauen unter der Belegschaft. „Derartige Methoden der Überwachung und gegenseitigen Kontrolle gehören verboten" [53], so der Linken-Fraktionschef Dietmar Bartsch der SZ.

5.5   Bezahlung und Anonymität

Zalando bietet folgende Bezahlmöglichkeiten an:

- PayPal.

- Kreditkarte

- Überweisung

---

48 Vgl. https://www.electronicsales.de/blog-die-top-10-vorteile-eines-online-shops-fuer-b2b-unternehmen.html, Zugriff am 29-04.2020.

49 Vgl.https://www.internetworld.at/e-commerce/zalando/steckt-zalandos-stellenabbau-im-marketing-1632132.html, Zugriff am 29-04.2020.

50 Vgl.https://etailment.de/news/stories/Risiken-und-Nebenwirkungen-15813, Zugriff am 29-04.2020.

51 Vgl. https://treolabs.com/de/blog/vor-und-nachteile-des-onlinehandels-fuer-gruender, Zugriff am 29-04.2020.

52 Vgl. https://www.ndr.de/nachrichten/netzwelt/online-shops-zalando-booking-verfuegbar,verknappung100.html, Zugriff am 29-04.2020.

53 https://netzpolitik.org/2019/datenschuetzer-pruefen-mitarbeiter-scoring-bei-zalando/, Zugriff am 29-04.2020.

- Rechnungskauf

- Vorkasse.

- Lastschrifteinzug.

KundInnen zeigen sich zunehmend dazu bereit Zahlungsmethoden, wie Amazon-Pay oder Paypal zu verwenden. Das Alter der Zielgruppe spielt eine große Rolle, da meist eher jüngere Kundengruppen zu Zahlungsmethoden wie Paypal greifen und die ältere Generation weitgehend Lastschrift bevorzugt. Um das Vertrauen des Kunden zu gewinnen ist es wichtig die von diesen bevorzugten Zahlungsmethoden anzubieten. [54]

Umso größer der sichtliche Nutzen für den Kunden ist, umso leichter lässt dieser es zu, dass seine Anonymität dafür nicht bestehen bleibt. Zum Beispiel wird zukünftig ein sogenannter „Body Scan" eingesetzt, um dem Kunden Kleidung vorzuschlagen, die ihm passt, ohne die Notwendigkeit, dass der Kunde diese anprobiert. [55] Verbraucherzentralen und Datenschutzbehörden, so wie die Wettbewerber, überwachen, ob der Online-Shop-Betreiber sich an die Datenschutzregelungen hält.

Dadurch, dass es im Online-Handel unerlässlich ist, private Daten des Kunden zu erheben, benötigt auch jeder Online-Shop eine Datenschutzerklärung. [56].

Seit Mai 2018 sind alle Online-Shops dazu verpflichtet eine Datenschutzgrundverordnung (DSGVO) in ihren Shops zu erstellen.[57]

6 Fazit

Vor dem Hintergrund des rasanten technologischen Fortschritts, der die Möglichkeiten im E-Commerce immer weiter vorantreibt und der Transparenz die mit dem Online-Markt einhergeht, war das Ziel der vorangegangenen Arbeit die Chancen und Risiken des E-Commerce zu erläutern. Dazu wurde der Begriff des „E-Commerce" erklärt und

---

54 Vgl.https://sevdesk.at/lexikon/zahlungsarten/, Zugriff am 05.04.2020.

55 Vgl. Große Holthforth,D.,Schlüsselfaktoren,2017,S.7.

56 Vgl. https://www.e-recht24.de/artikel/ecommerce/7902-datenschutzerklaerung-fuer-online-shops-was-shopbetreiber-wissen-muessen.html, Zugriff am 29.02.2020.

57 Vgl. Große Holthforth,D.,Schlüsselfaktoren,2017,S.7.31.f.

durch statistische Werte innerhalb der Internetökonomie abgegrenzt. Als Chancen des E-Commerce erweisen sich die „weltweite Marktpräsenz" der Online-Unternehmen. Damit geht eine zeitunabhängige Zugangsmöglichkeit zum Online-Shop einher und eine Abnahme an Aufwand für das Erstellen der Online-Shops in den einzelnen Nationen. Hinzu kommen individuelle Zahlungsarten und Versandmöglichkeiten, wobei besonders bei letzteren die Transparenz für den Kunden gewährleistet ist. Die Arbeit erläutert in weiterer Folge die Möglichkeiten Produkte im Online-Handel effizient anzubieten. Dazu wird dem Leser ein Einblick in die Spezialisierung im Marketing gewährleistet um in weiterer Folge auf die, aus der Verwendung des E-Commerce, resultierenden Möglichkeiten zur Rationalisierung im Industriebetrieb einzugehen. Es wird ersichtlich, dass durch die Integration der Möglichkeiten im Online-Handel die Chance besteht betriebliche Schwachstellen auszugleichen und so an Kosten und Lagerfläche einzusparen.

Die Risiken im E-Commerce ergeben sich durch unzureichende Absicherung des Online-Shop-Anbieters, bei denen KundInnen datenschutzrechtlich verletzt werden können und im Transaktionsprozess getäuscht werden können. Anonymität, sowie Bezahlvorgänge stellen ein großes Risiko für Dienstleister und Kunden dar, falls diese vom Dienstleister nicht umfassend abgesichert sind. Zusätzlich wird im Kapitel Bezahlung deutlich, dass der Dienstleister bei der beliebten Bezahlform der SEPA-Lastschrift das volle Risiko trägt, bis der Kunde nach Erhalt der Ware den Bezahlvorgang abschließt. Die einhergehende Beratungsschwäche und der notwendige Datenschutz stellen gemeinsam die letzten Risikofaktoren dar, auf die die vorangegangene Arbeit eingeht. Als Praxistransfer des Theorieteils wird die zweite Forschungsfrage, „Wie kann man die gewonnenen Erkenntnisse auf Zalando SE anwenden?" durch die Vorgehensweise der Zalando SE im Bereich E-Commerce erläutert. Aus vorangegangener Arbeit kann zusätzlich entnommen werden, dass Unternehmen vom E-Commerce nicht nur durch höhere Absatzquoten profitieren, sondern auch ihre betriebliche Kostenrechnung verbessern können. Der Online-Handel nimmt immer stärker zu uns stellt eine große Chance für Unternehmen dar, die bereit dazu sind, die notwendigen Arbeitsschritte zur erfolgreichen Digitalisierung ihrer Unternehmung zu setzen. Die einhergehenden Risiken können, durch Einhaltung der

Datenschutzrechte, vertrauenswürdige Arbeitsmoral der Unternehmung und gute Warenpräsentation eingedämmt werden. Auch Konsumenten haben die Möglichkeit vom Online-Handel weitgehend zu profitieren.

7   Literaturverzeichnis

Große Holthforth,Dominik(Schlüsselfaktoren,2017):Schlüsselfaktoren
im E-Commerce Innovationen, Skaleneffekte, Daten und Kundenzentrierung,Wiesbaden,
Deutschland:Springer Gabler,2017

Fost,   Markus,   (E-Commerce   Strategien,   2014):E-Commerce   Strategien   für
produzierende   Unternehmen   Mit   stationären   Handelsstrukturen   am   Wachstum
partizipieren, Wiesbaden, Deutschland:Springer Gabler,2014

Weber,   Jürgen;   Becker,   Wolfgang,   Schmeken,   Gregor
Mark(Strategien,2007):Unternehmensführung & Controlling Erfolgreiche Strategien für
E-Commerce   Integrierte   Kostenund   Leistungsführerschaft   als   Orientierungsmuster,
Wiesbaden, Deutschland: Springer Gabler, 2007

Fischer, Mario(Marketing,2017): Website Boosting 2.0 : Suchmaschinen-Optimierung,
Usability, Online-Marketing,(2.Aufl.),Frechen: Mitp Verlags GmbH & Co. KG,2009

Petrlic,   Ronald;   Sorge,   Christoph(Datenschutz,2017):   Datenschutz-Einführung   in
technischen Datenschutz, Datenschutzrecht und angewandte Kryptographie, Wiesbaden:
GmbH Springer Fachmedien, 2017

Knoppe, Marc: Martin, Wild (Digitalisierung, 2018): Digitalisierung im Handel
Geschäftsmodelle, Trends und Best Practice, Deutschland: Springer-Verlag GmbH, 2018

Heinemaann, Gerrit; Hauf, Andreas (Web-Excellenz, 2010): Web-Exzellenz im E-Commerce Innovation und Transformation im Handel, Wiesbaden: Gabler Verlag, Springer Fachmedien GmbH, 2010

Meidl, Oliver (Global Website, 2013): Global Website Webdesign im internationalen Umfeld, Wiesbaden: Springer Fachmedien GmbH, 2013

Smeets, Mario (Bedonderheiten, 2018): Besonderheiten bei der Bewertung junger Unternehmen, Köln: Springer-Verlag GmbH, 2018

8   Quellenverzeichnis

Zahaietska, Tatjana (Onlinehandel, 2019):Vor- und Nachteile des Onlinehandels für Gründer,<https://treolabs.com/de/blog/vor-und-nachteile-des-onlinehandels-fuer-gruender > (27.03.2019)[Zugriff 10-03.2020]

ElectronicSales GmbH (Onlinehandel, 2019):Die Top 10 Vorteile eines Online-Shops für B2B-Unternehmen,<https://www.electronicsales.de/blog-die-top-10-vorteile-eines-online-shops-fuer-b2b-unternehmen.html> (27.03.2019)[Zugriff 10-03.2020]

microtech Redaktion(Onlinehandel Gründe,2017):E-Commerce – 5 Gründe, die für den Onlinehandel sprechen!,< https://www.microtech.de/blog/e-commerce-vorteile > (25.10.2017)[Zugriff 10-04.2020]

Wirtschaftslexikon24 Redaktion(Vorteile,Nachteile, 2018):Vor- und Nachteile des Onlinehandels für Gründer,<http://www.wirtschaftslexikon24.com/d/rationalisierung-im-industriebetrieb/rationalisierung-im-industriebetrieb.htm > (01.01.2018)[Zugriff 10-04.2020]

Huke Sebastian (Dropshipping, 2020):Erfolgreicher Online-Handel: Geld verdienen mit DropShipping,<https://treolabs.com/de/blog/vor-und-nachteile-des-onlinehandels-fuer-gruender > (2020)[13-04.2020]

Santen Lena (Onlinehandel, 2019):Top 7 Vorteile von Onlineshops für B2B,<https://www.sana-commerce.com/de/blog-de/vorteile-von-b2b-e-commerce/ > (11.08.2019)[Zugriff 10-04.2020]

Christian Füller (Anonymität,2011): Pro & Kontra Anonymität im Netz: Gestatten, Friedbert Frühstück, <https://taz.de/Pro--Kontra-Anonymitaet-im-Netz/!5114418/ > (11.08.2011)[Zugriff 05.4.2020]

Redaktion sevDesk (Bezahlung,2020):Pro & Kontra Anonymität im Netz, <https://sevdesk.at/lexikon/zahlungsarten/>(2020)[Zugriff 05-04.2020]

Sören Siebert(Datenschutz, 2018):Datenschutzerklärung für Online Shops: Was Shopbetreiber wissen müssen, <https://www.e-recht24.de/artikel/ecommerce/7902-datenschutzerklaerung-fuer-online-shops-was-shopbetreiber-wissen-muessen.html> (29.10.2018)[Zugriff 06-04.2020]

Redaktion sevDesk (Bezahlung,2020): Pro & Kontra Anonymität im Netz, <https://sevdesk.at/lexikon/zahlungsarten/>(2020)[Zugriff 05-04.2020]

Zalando SE (about us, 2020):about us,<https://www.zalando.at/about-us/>(2020) [Zugriff 29-04.2020]

Gabler, Claudia, Perry, Marc; (Customer Service, 2012):Das Callcenter als Teil der Gesamtstory, <https://marcperryoffice.wordpress.com/in-der-presse/>(2012)[Zugriff 03.07.2012]

internetworld Redaktion (Zuwächse Zalando, 2020):Zalando erwartet weitere Zuwächse - und erweitert sein Sortiment, < https://www.internetworld.de/e-commerce/zalando/zalando-erwartet-zuwaechse-erweitert-sortiment-2509198.html>(27.02.2020)[Zugriff 29.02.2020]

Verkehr Redaktion (Logistik, 2019):Die Logistik ist eine absolute Kernkompetenz von Zalando, <https://www.verkehr.co.at/singleview/article/die-logistik-ist-eine-absolute-kernkompetenz-von-zalando>(19.10.2019)[Zugriff 29.02.2020]

internetworld Redaktion (Zuwächse Zalando, 2020):Zalando erwartet weitere Zuwächse - und erweitert sein Sortiment, < https://www.internetworld.at/e-commerce/zalando/steckt-zalandos-stellenabbau-im-marketing-1632132.html>(27.02.2020)[Zugriff 29.02.2020]

Der Handel- e-tailment (Risiken und Nebenwirkungen,2014): Risiken und Nebenwirkungen, <https://etailment.de/news/stories/Risiken-und-Nebenwirkungen-15813>(03.09.2014) [Zugriff 29.02.2020]

NDR Redaktion (Kundenbedrängung,2015): Wie Online-Händler Kunden zum Kauf drängen, <https://www.ndr.de/nachrichten/netzwelt/online-shops-zalando-booking-verfuegbar,verknappung100.html>(31.08.2015) [Zugriff 29.02.2020]

Zalando SE (Geschäftsbericht, 2018): Geschäftsbericht<https://corporate.zalando.com/de/investor-relations/publikationen/geschaeftsbericht-2018>, (2018)[Zugriff 29.02.2020]

Fanta, Alexander (Datenschutz, 2018):Datenschutz<https://netzpolitik.org/2019/datenschuetzer-pruefen-mitarbeiter-scoring-bei-zalando/>,(22.11.2019)[Zugriff 29.02.2020]

BEI GRIN MACHT SICH IHR WISSEN BEZAHLT

- Wir veröffentlichen Ihre Hausarbeit,
  Bachelor- und Masterarbeit

- Ihr eigenes eBook und Buch -
  weltweit in allen wichtigen Shops

- Verdienen Sie an jedem Verkauf

Jetzt bei www.GRIN.com hochladen
und kostenlos publizieren